AF495829

NOTES HISTORIQUES
SUR
L'INSTRUCTION PUBLIQUE
AVANT LA RÉVOLUTION
DANS LA
Ville de Bernay
ET LES ENVIRONS

Première partie d'un Mémoire présenté au Congrès des Sociétés savantes, à la Sorbonne, en 1885,

PAR E. VEUCLIN

BERNAY
Imprimé par V. E. Veuclin
en l'an 1886

(2)

A Monsieur Léopold Delisle,
Hommage respectueux de l'auteur
E. Veuclin.
2 Mai 1886.

NOTES HISTORIQUES

SUR

L'INSTRUCTION PUBLIQUE

AVANT LA RÉVOLUTION

DANS LA

Ville de Bernay

ET LES ENVIRONS

Première partie d'un Mémoire
présenté au Congrès des Sociétés savantes,
à la Sorbonne, en 1885,

PAR E. VEUCLIN

BERNAY
IMPRIMÉ PAR V. E. VEUCLIN
EN L'AN 1886

Extrait du *Journal officiel* du 9 Avril 1885 :

RÉUNION DES DÉLÉGUÉS

des

Sociétés savantes de Paris et des Départements

A LA SORBONNE

Séance du mercredi 8 avril

M. Veuclin, publiciste à Bernay, analyse un volumineux mémoire qu'il a composé sur *Les petites écoles et la Révolution dans les districts de Bernay et de Louviers.* Ce qui concerne l'époque postérieure à 1789 est écarté comme n'étant pas une réponse au programme ; pour la période antérieure à 1789, M. Veuclin a constaté que l'autorité religieuse encourageait l'instruction.

La seconde partie du mémoire précité a été publiée en 1885-1886. — Prochainement paraîtront nos *Notes historiques sur l'Instruction publique, avant 1789, à Louviers et aux environs.*

E. VEUCLIN.

NOTES HISTORIQUES
SUR
L'INSTRUCTION PUBLIQUE
AVANT LA RÉVOLUTION

VILLE DE BERNAY

I. — Ecole des Bénédictins (?).

1257. — Les 17 moines font l'aumône le jeudi « aux pauvres écoliers (1) ».

II. — Ecole communale.

1601. — Un octroi est continué aux échevins de la ville, pour rétribuer le précepteur qui instruit la jeunesse (2). Avant cette date, Bernay avait donc des Petites Ecoles communales.

1694. — Le Boullenger tient l'école ; il touche, du receveur des octrois, un traitement annuel de 40 liv. et il est exempt du logement des gens de guerre (3).

1718. — Jean Bouteillier, maître d'école, rue aux Juifs (4).

1734. — Antoine Dubois maître des Petites Ecoles gratuites. — Dubois trou-

(1) Registre des visites d'Eude Rigaud ; édition Bonnin, p. 297.

(2) Ch. des Comptes de Rouen. - Ch. de Beaurepaire.

(3) Registre municipal ; 1694.

(4) Terrier de la ville de Bernay ; 1718.

vant sans doute trop modique son traitement se permet de se faire payer de ses écoliers : « Il est très inutile — observe « le corps municipal — de donner 40 livres pour instruire les pauvres enfants « de la ville, attendu qu'Antoine Dubois « perçoit de tous les écoliers qui vont se « faire instruire chez lui... 15 sols par « mois, les autres 12 sols, et trois ou « quatre à 6 sols. » Afin de vérifier le fait, des officiers municipaux se rendent chez Dubois et, interrogeant les enfants présents (au nombre de 30), ils ont la preuve qu'il n'y a qu'un seul écolier qui ne paye rien (1).

1762. — Procès entre la ville et Dubois (2).

1771, 14 avril. — Délibération relative à la nomination, par les officiers municipaux, du maître d'école ; ce dernier jouit de l'exemption du logement des gens de guerre et touche annuellement la somme de 40 livres, « à la charge par lui d'en« seigner gratuitement tous les pauvres « qui seront jugés tels par Messieurs les « Maire et Echevins sur les certificats qui « leur seront délivrés par les curés de « cette ville, et de ne pouvoir les chasser « de son école sans avant en avoir pré« venu et pris l'avis de Messieurs les « Maire et Echevins... (3). »

(1) Registre municipal; 1734.
(2) Comptes des octrois de Bernay. — CC.
(3) Registre des délibér. communales; 1771.

1772. — Michel Bardou, maître d'école, choisi pour instruire les pauvres.

1782, 20 juin. — Le traitement de 40 livres est retiré au maître d'école de la ville, « parce qu'il n'avoit instruit aucun « des enfants pauvres de la paroisse de « Sainte-Croix, et qu'il est constant que « ceux de la Couture doivent être édu- « qués par un maître particulier qui tou- « che les revenus d'une fondation faite « à cette fin au profit du trésor de la dite « paroisse (1) ».

III. — **Ecole des Dames de la Comté.**

1639. — Etablissement de quatre Augustines envoyées de Laon, par Mgr de Brichauteau, à la pieuse sollicitation de Mme de Saint-Vast (2).

L'objet de l'établissement de ces religieuses est « l'éducation gratuite des en- « fants auxquels la maison enseigne à li- « re, écrire et qu'elle instruit de toutes les « ouvrages de leur sexe (3) ».

1791, 31 décembre. — L'unique école pour les filles est dirigée par les religieuses de la congrégation de St-Augustin (4) qui, depuis leur établissement, se sont soutenues par leur travail et leurs écono-

(1) Registre des délibér. communales. — 1782.

(2) Rapport municipal du 31 décembre 1791.

(3) Déclaration de 1790. — Arch. munic. — P

(4) Les religieuses de la Congrégation de Notre-Dame de Bernay étaient aussi appelées Dames de *la Comté*, parce qu'elles étaient sur la partie de la ville portait ce nom.

mies (1). Il y a 5 classes, pour les diffé-
« rents dégrés de capacité, tenues par 5
« maîtresses deux fois par jour ; en ou-
« tre, il y en a une pour l'écriture, une
« pour apprendre à travailler, une inten-
« dante qui préside au bon ordre des clas-
« ses. 200 écolières sont, chaque année,
« instruites par les soins de ces religieu-
« ses (2). »

IV. — Collège.

1680, 14 mai. — Fondation du Collège par un bernayen, Me Pierre Asse, alors curé de la paroisse de Beuze-Mouchel-en-Caux (3).

V. — Ecole privée.

1700, 6 juillet. — Le curé de la Couture représente à l'archidiacre visiteur, que le nommé Mannoury s'ingère à faire les petites écoles dans la dite paroisse sans aucune permission de Monseigneur ni de ses grands vicaires. L'archidiacre fait défenses au dit Mannoury « de faire aucu-
« cunes instructions jusqu'à ce qu'il aye
« obtenu permission et satisfait à son de-
« voir pascal ce qu'il a négligé depuis
« plusieurs annnées » ; il est enjoint au

(1) En 1790, les revenus du couvent s'élevaient à 7,609 livres 16 sols 2 deniers. Il y avait 33 religieuses, la plupart recrutées dans les familles nobles ou riches de la région.

(2) Rapport municipal du 31 décembre 1791.

(3) Nous renvoyons à la notice spéciale que nous avons tout récemment publiée sur ce Collège.

curé de tenir la main à la présente ordonnance (1).

VI. — Ecole charitable de la Couture.

1745, mars. — Deux personnes de piété remettent au curé de la Couture 1200 livres en argent, pour établir une Ecole charitable en la dite paroisse, « pour les « jeunes garçons dont les pères et mères « ou autres pauvres parents n'auroient « pas le moyen de les entretenir aux Ecolles publiques ». Suivant l'intention des deux anonymes donateurs, celui qui aura l'administration de la dite école sera toujours un prêtre de la paroisse, choisi par le curé conjointement avec les trésoriers, lequel prêtre fournira le logement à ses frais pour la tenue des écoles, « où « tous les pauvres seront admis sans au- « cune rétribution ». — 15 mars. Assemblée paroissiale relative à cette donation qui est acceptée. — 17 mars. Contrat de fondation de la dite école charitable (2).

1791. 16 janvier. — Par délibération paroissiale, André Deschamps est nommé organiste de l'église et maître des Petites Ecoles de la paroisse ; il reçoit, pour ces deux fonctions, la somme annuelle de 60 livres (3).

---

(1) Registre paroissial de la Couture. — 1700.
(2) Titres de la paroisse. — Arch. comm. GG.
(3) Comptes de la fabrique. » »

1789, mars. — Jean-François Dubois ; Pierre Larcher ; Pierre Bellanger, maîtres d'école, signent la délibération de leur corporation pour la rédaction de son cahier de doléances.

XVe et XVIe Siècles.

COMBON. — Dans un aveu du 19 décembre 1401, Charles de Coesne, seign[r] du lieu, déclare qu'il a la nomination d'un prébendé à Saint-Paul-du-Neubourg, du chapelain de la Maison-Dieu et du maître des écoles alternativement (1).

PLASNES. — Dans un aveu du 8 avril 1456, Pierre de Bressé seigneur du lieu, déclare qu'il lui appartient « la donnoi-« son et provision du maistre des escol-« les en la dicte paroisse de Plasnes, tou-« tes fois que le cas s'offre (2).

1722. — Dans le décret de l'union des deux cures de Plasnes, il est expressément ordonné au curé, M. de Montfort, de faire tenir les petites école .

1774. — Les paroissiens présentent au bailliage d'Orbec une requête contre Mgr de Condcocet, évêque de Lisieux pour qu'il fit tenir les dites écoles pendant l'année du déport.

1775, 21 janvier. — L'évêque est condamné à payer au maître d'école la som-

(1) Dictionnaire histor. de l'Euro, par C. et C.
(2) Mémoires et Notes de A. Le Prévost.

me de 200 livres, somme que le curé paye tous les ans depuis cette époque.

1791. — Par requête adressée au district, Antoine Parent observe qu'il tient depuis plus de 25 ans les écoles de garçons de la paroisse, où il y a beaucoup d'enfants, étant très peuplée (1137 âmes), et il réclame au directoire le paiement des 200 livres qui lui étaient précédemment payées par le curé et dont il a le plus grand besoin, étant estropié (1).

SERQUIGNY. — Dans un aveu du 27 septembre 1555, Jean Daché, seigneur du lieu, déclare qu'il a droit de « siège d'escolles (2). »

XVIIe Siècle.

FERRIÈRES-CHAMBRAIS. — Dans un aveu du 25 juin 1604, Charlotte des Ursins déclare qu'elle a droit en sa dite baronnie et membres en dépendant, « de « siège d'écolle et d'y présenter et nom- « mer un régent ou maistre, sans que nul « aultre y en puisse mettre ne tenir, sy « ne sont par moy ou mes officiers ad ce « commis, et sont mes dictz hommes sub- « jetz y envoyer leurs enfans à l'esco- « le (3). »

---

(1) Tous les détails relatifs à cette école sont empruntés à la requête de Parent. — Arch. de Bernay. — Justice. J.

(2) Copie du 17e siècle. — Arch. de Fontaine-l'Abbé.

(3) Mémoires et Notes de A. Le Prévost.

FERRIÈRES-St-HILAIRE. — Antérieurement à 1628, une donation est faite par un Mr Louvet, prêtre, pour la première messe et les petites écoles. A cette fondation appartient une petite ferme appelée le Coq-Blanc (1).

COURBÉPINE. — En 1669, Claude-Hugues de Lezignan de Lezay, seigneur du lieu, nomme un chapelain pour la chapelle de son château ; il impose à ce prêtre l'obligation de catéchiser l'un des jours de la semaine, « en l'escolle du dit lieu (2). »

1730. — L'école des garçons est tenue par le sieur Le Cordier.

1764. — Jean Guérin, prêtre, âgé de 24 ans, est nommé, par le marquis de Prie, chapelain du château de Courbépine.

1791. — Le même est encore en fonctions ; son traitement est de 700 livres ; il doit faire le catéchisme un des jours de la semaine, les dimanches et fêtes, tenir tous les jours les petites écoles (3).

BERTHOUVILLE. — 1672. Une fondation est faite par Mre Jean Le Grix, ancien curé de la paroisse, pour diverses intentions pieuses, notamment pour tenir les petites écoles des garçons, depuis 8 heures dans l'été et depuis 9 heures dans l'hi-

---

(1) Registre municicipal de Ferrières. 1791.
(2) Notes recueillies par M. Réautey.
(3) Déclarations de bénéfices. —. Arch. mun. de Bernay. P.

ver, le tout jusqu'à midi, et pour faire les catéchismes tous les dimanches.

1791. — L'abbé Le Grix de la Fontelaye est titulaire de cette prestimonie ou fondation, laquelle vaut 465 liv. de revenu (1).

ACLOU. — 1681, 28 décembre. Par devant les notaires de Rouen, Mre Gilles Chapé, curé de la paroisse, fait une donation au trésor de l'église, pour que ses successeurs tiennent les écoles pendant toute l'année et fassent le catéchisme (2).

St-MARTIN-LE-VIEIL. — 1686, 4 septembre. — Par contrat passé à Thiberville, Marie-Thérèze Jouen, supérieure de la Providence de Lisieux (3), Marie-Anne Jouen, première maîtresse des pensionnaires de la dite communauté, et M^tre Jean Jouen, leur frère, élu à Bernay et demeurant à St-Martin-le-Vieil-des-Chesnets (4), donnent, pour après leur mort, au trésor de cette paroisse, une cour et jardin tenant au cimetière de l'église, avec une maison dessus estant, pour te-

---

(1) Déclaration des bénéf. - Arch. de Bernay.

(2) Arch. par. - Lebeurier. Notice sur Aclou.

(3) Cette communauté avait été fondée, trois ans auparavant par Léonord de Matignon II, évêque de Lisieux, pour l'instruction et le soin des pauvres des campagnes.

(4) Originaire de Bournainville et de St-Martin, la famille Jouen a fourni plusieurs ecclésiastiques ; à cette époque, en 1680, vivait Me Mathurin Jouen, prêtre habitué de la paroisse de St-Laurent, à Rouen

nir les petites écoles... Les dites sœurs Jouen donnent de plus au dit trésor une pièce de terre labourable à usage de clos pour aider à faire subsister les écoles des jeunes filles (1)

St-TAURIN-DES-IFS. — 1692. L'unique école, pour les deux sexes, est tenue par le curé de la paroisse (2).

XVIIIe Siècle.

St-AUBIN-DE-SCELLON. — 1708. Etablissement, par l'évêque de Lisieux, d'une sœur de la Providence (3).

GIVERVILLE. — 1708. — Fondation, par l'évêque de Lisieux, d'une sœur de la Providence, pour les écoles.

1778, 28 avril. — Me Louis-Georges Aubert, curé de la paroisse, fonde une école de charité ; il donne 9,000 livres à la Providence de Lisieux pour 2 maîtresses d'école ; en outre, il donne au trésor de l'église une maison pour loger les dites sœurs (4).

---

(1) Arch. du Calvados. Providence de Lisieux.

(2) Charpillon et Caresme; Dict. his. de l'Eure.

(3) Le 4 novembre 1707, Léonord de Matignon, évêque de Lisieux, avait donné à cette communauté, de sa fondation, des maisons et une rente de 880 livres sur les aides et gabelles, pour l'entretien de 9 filles de la Providence destinées à 36 paroisses, en passant successivement de 3 ans en 3 ans dans chacune d'elle. (*Bulletin de la Société histor. de Lisieux*, n° 1).

(4) Une petite cour contenant environ 2 ver-

COURBÉPINE. — Seconde école. — 1708. — Etablissement, par l'évêque de Lisieux, d'une sœur de la Providence.

1716. — Sœur Grout tient l'école et est payée par le curé ; la même, en 1730.

1748, 14 juillet. — Par contrat passé à Bernay, demoiselle Elisabeth Davot, demeurant au château de Courbépine, déclare que depuis longtemps elle désire employer à des œuvres de piété et de charité une somme de 2,000 livres, dont l'intérêt, après sa mort, vertirait à la subsistance d'une sœur de la Providence, pour instruire gratuitement les jeunes filles de la paroisse. — Acceptation de cette donation par les paroissiens ; les écoles se tiendront de 3 ans en 3 ans, puis de 2 ans en 2 ans. La maison du trésor sert aux écoles depuis plus de 40 ans (1).

1755. — La sœur d'école touche 200 l. provenant de la donation de feu Mlle Davot.

1762. — Mention d'une fondation sur le trésor faite par une personne de piété.

St-MARDS-DE-FRESNES. — 1708. Etablissement, par l'évêque de Lisieux, d'une sœur de la Providence.

VERNEUSSES. — 1710, 24 mai. —

---

gées, avec une petite maison dessus étant y compris des arbres de haut jet, appartenant à la Providence de Lisieux, est vendue le brumaire an VI, comme bien national, pour 1880 fr.

(1) Archives de Courbépine et du Calvados.

Les paroissiens étant assemblés, le curé inscrit sur le registre paroissial le « Mémoire de ceux qui veulent contribuer volontairement pour payer les gages d'un chapelain qui tiendra les Petites Escholles et montrer aux enfans de la paroisse sans recepvoir auchune rétribution, faire le catéchisme et célébrer la messe les festes et dimanches à l'intention de ceulx qui contribueront pour payer ses gages. » Le curé s'oblige à donner annuellement la somme de 10 livres ; Mr de Tourné s'inscrit pour 15 l. : Mr du Coudray, pour 15 l. ; plusieurs autres paroissiens donnent depuis 20 sols jusqu'à 6 livres.

St-VICTOR-DE-CHRÉTIENVILLE. — 1710, 16 novembre. — Pierre de Montenay le Neuf, curé de la paroisse, et Gabriel de Montenay, seigneur du lieu, y fondent une école.

1725, 22 août. — Les paroissiens assemblés en état de commun donnent pouvoir au trésorier et au curé de passer procuration à la supérieure de la Providence de Lisieux, pour recevoir les arrérages d'une partie de rente constituée au bénéfice des dites dames de la Providence pour avoir une maîtresse d'école, rente se montant en premier lieu à la somme annuelle de 100 livres sur les gabelles et aides de la ville de Paris et constituée, en 1710, par les de Montenay (1).

(1) Registres paroissiaux.

CAPELLES-LES-GRANDS. — 1710. — Michel Deshaies tient les petites écoles (1).

1784. — Joseph Delisle, établi maître d'école en cette paroisse, touche une rente de 286 livres, créée sur les aides et gabelles au profit de la paroisse, pour l'instruction des petits garçons (2).

EPINAY. — 1711, 31 mars. — Constitution, par Me François-Joseph Gueroult, curé de la paroisse, de 109 livres de rente pour l'entretien d'un vicaire qui en fera les fonctions et tiendra gratis les petites écoles aux enfants du lieu d'Epinay.

1732, 8 juin. — Assemblée paroissiale relative à la prise en possession de cette rente, laquelle, faute de vicaire et suivant les intentions du donateur, avait été déposée aux mains de dame Anne Darzac veuve du sieur de Thicheville, fondatrice de l'hôpital général de Bernay. — Me Louis Heuzebroc, prêtre, vicaire d'Epinay, tiendra les écoles (3).

VERNEUSSES. — Seconde école. — 1711. — Etablissement, par l'évêque, d'une sœur de la Providence de Lisieux.

PIENCOURT. — 1711. - Etablissement, par l'évêque, d'une sœur de la Providence de Lisieux (4).

---

(1) Notes d'un zélé chercheur de souvenirs historiques, M[r] Ch. Desprès, d'Orbec.

(2) Registre municipal. — 1791.

(3) Archives de l'hospice de Bernay.

(4) Une maison principale, provenant de l'E-

HECMANVILLE. — 1711. — Etablissement, par l'évêque de Lisieux, d'une sœur de la Providence.

St-GERMAIN-LA-CAMPAGNE. — 1711. Etablissement, par l'évêque de Lisieux, d'une sœur de la Providence.

1734. — Le curé paie à la communauté de la Providence 100 l., pour la sœur d'école.

1742, 23 juin. — Par contrat passé à Orbec, une fondation est faite par dame Anne Le Malle, veuve du feu sieur Francois De Launay, pour l'éducation des filles.

1765. — Réorganisation de l'école. — 29 septembre. — Les paroissiens décident que les trésoriers prendront 50 l. de rente provenant de la fondation de la dame Le Malle. — 1er oct. — Par contrat passé à Orbec, il est arrêté que : La sœur aura pour logement à tenir la classe la maison destinée et nommée l'école des filles, avec la jouissance de la cour et jardin appartenant au trésor à cause de donation à lui faite par les défunts curés du lieu pour loger une maîtresse d'école, le tout estimé à la somme de 50 l. de revenu annuel ; le trésor fournira à la dite sœur : une couche, ciel de lit et rideaux de damassé ; une paillasse et une couche pour une servante... ; une armoire de bois de sapin ;

---

cole des filles, est vendue, comme bien national, le 24 messidor an IV, moyennant 594 fr. — *Arch. départ.* — 585.

6 chaises, une table ; un feu complet ; 2 chenets pour la cheminée de la classe ; 12 assiettes en fayence ; 6 cuillers d'étain ; 6 fourchettes de fer ; 1 réchaud ; une poële ; un gril ; une marmite ; une salière ; 1 pilon ; 1 soufflet ; une broche à main ; 6 verres et 2 bouteilles ; dans la classe, une grande table et des bancs ; la dite sœur touchera 150 l. de rente et pension. — 30 déc. — Les habitants, représentés par Louis-Guillaume Trinité, trésorier, fondent « une Ecole de Charité, pour y éle- « ver, instruire et éduquer gratuitement « les filles de St-Germain-de-la-Campa- « gne », suivant l'assemblée paroissiale du 29 septembre (1).

MONTREUIL-L'ARGILLÉ. — 1714. — Etablissement, par l'évêque de Lisieux, d'une sœur de la Providence.

Plus tard, 100 l. sont payées sur la fondation de Mlle de Ruyer.

THIBERVILLE. — 1714. — Etablissement, par l'évêque de Lisieux, d'une sœur de la Providence.

1716. — Sœur Le Conte tient l'école.

CAPELLES-LÈS-GRANDS. — Seconde école. — 1716. — Fondation d'une école

(1) Tous les documents relatifs à St-Germain-la-Campagne sont empruntés aux Archives du Calvados, dossier de la Providence, que la bien courtoise obligeance de notre érudit compatriote, M. Bénet, nous a fait compulser fructueusement.

de filles par Mgr de Boulogne. Sœur Du Bois, de la Providence de Lisieux, tuoche 150 liv. ; l'abbé Haureau et le curé de Capelles doivent payer cette somme.

St-ELOI-DE-FOURQUES. — 1717. — L'école de filles est tenue par la femme du clerc de la paroisse (1).

DRUCOURT. — 1716. — Sœur De la Noë, de la Providence de Lisieux, tient l'école des filles, fondée par feu Mgr de Matignon.

1732. — Le curé paie 100 livres par an à la sœur d'école.

PLASNES. — 1716. — Seconde école. Sœur Lecacher, de la Providence de Lisieux, tient l'école des filles et touche 90 livres, fonds par Mlle Tampon.

1714. Mlle de Prye paie 60 livres pour la sœur d'école.

1774. — La maitresse d'école touche 11 pistoles de rétribution annelle, dont partie est à prendre sur les aides et gabelles, et 40 livres sur le clergé. Cette femme n'ayant pas de quoi vivre avec un revenu de 102 livres, le curé lui paye 100 livres tous les ans (2). — 29 mai. — Les paroissiens, assemblés en état de com-

(1) Dict. histor. de l'Eure, par C. et C. ; t. II. — En l'an IV, vente nationale, pour 1442 fr.. du vicariat et ses dépendances, 540

(2) Déclaration du curé de Plasnes, 25 mars 1791. — Arch. mun. de Bernay. — P.

mun, reconnaissant que les 10 pistoles de rente que reçoit la maîtresse sont insuffisantes pour la nourrir, à cause de la cherté des vivres, décident qu'il y a lieu d'y suppléer en lui donnant quelques arbres morts qui sont dans la cour du trésor ; ils autorisent aussi le trésorier en charge à faire faire, aux frais du trésor, une seconde porte à l'école des filles, parce que n'en ayant qu'une et très basse cela étouffait les enfants dans la chaleur (1).

1790. — Il n'y a point de maîtresse d'école.

NOTRE-DAME-DU-HAMEL. — 1717. Etablissement, par l'évêque de Lisieux, d'une sœur de la Providence.

1729, 26 juin. — Seconde école. — Les habitants demandent à s'imposer pour 150 livres, pour les gages et entretien d'un maître d'école. L'évêque ayant jugé cet établissement utile, l'Intendant d'Alençon approuve la délibération des habitants et il écrit au ministre pour solliciter un arrêt du Conseil pour autoriser cette imposition et ajouter cette somme de 150 liv. au rôle de la taille de la paroisse (2). — 5 juillet, arrêt favorable du Conseil.

1757, 14 octobre. — Les habitants et ceux de paroisses voisines, adressent à

---

(1) Registre paroissial. — Notes A. Réautey.

(2) Arch. de l'Orne ; C. 402. — Nous devons ce document, avec beaucoup d'autres, à la délicate complaisance de M. L. Duval, archiviste.

[library stamp]

l'Intendant une requête pour se plaindre de la négligence du curé qui oblige les dits paroissiens à faire venir un maître d'école qu'ils payent annuellement. — Le curé, Me Miard, se défend en disant qu'il fait l'avance des 150 livres accordées au maître d'école, présentement le nommé Boulaye, nommé par l'évêque ; qu'il entretient une sœur pour instruire les jeunes filles pauvres, et qu'il fournit quelque soulagements à un nommé Gorge, qui tient aussi les petites écoles, pour le faire vivre, étant infirme. — Les 150 l. accordées par l'arrêt de 1729, sont prises sur plusieurs paroisses, notamment St-Martin-de-Cernières et St-Pierre-du-Mesnil ; cette dernière, qui paie 30 livres, proteste à cause de son éloignement qui l'empèche de profiter de cette école (1).

1789. — Alexandre Landry, nommé par l'évêque, tient les petites écoles jusqu'en 1794.

St-AUBIN-DU-THENNEY. — Antérieurement à 1720, une école avait été établie par Me Louis Lebel, curé de la paroisse.

1720, 3 février. — Me Jean Aupoux, curé de la paroissse, « voulant donner des « marques de sa bienveillance..., il croit « n'en pouvoir donner de plus utile, pour « la gloire de Dieu et le salut des âmes, « qu'en procurant de tout son pouvoir « l'instruction dans la dite paroisse, sur-

(1) Arch. de la Fabrique de N.-D.-du-Hamel.

« tout aux pauvres filles et leur appren-« dre des ouvrages pour gagner leur vie. « Dans cette veuë..., il déclare faire fon-« dation, pour une maîtresse d'école pri-« se à la communauté des filles de la Pro-« vidence de Lisieux, de la somme de « 2,400 livres... » — 25 février. Par contrat passé à Chambrais, les habitants consentent que l'ancienne école de la paroisse..... serve et soit employée « dor en avant » pour loger la dite sœur de la Providence, pour y tenir les écoles des filles ; ils consentent aussi, pour l'utilité des garçons de la paroisse, que le dit s[r] curé fasse bâtir à ses frais, sur le cimetière, une maison d'école. — 25 février. Assemblée paroissiale ratifiant ce contrat (1).

MENNEVAL. — 1722, 4 juin. — Inhumation, au cimetière de Ste-Croix de Bernay, du nommé la Rivière, ci-devant maître d'école à Menneval, originaire, . à ce que l'on dit, de la paroisse de Plasnes, âgé d'environ 55 ans, pris à l'hôtellerie de la Fleur de Lys... (2).

BERTHOUVILLE. — 1724, 30 novembre. — Par contrat passé à Bernay, Charles Le Boucher, escuyer, sieur de Mailly-Lucet, et Mre Alexis Le Boucher, prêtre, son frère, tous deux demeurant en la paroisse de Berthouville, déclarent que, vou-

(1) Arch. du Calvados. Dossier de la Provid.
(2) Registre paroissial de Ste-Croix.

lant fonder en la dite paroisse une sœur de la Providence de Lisieux, pour instruire les jeunes filles et les élever à la crainte de Dieu, tenir les petites écoles, visiter et soigner les malades de la dite paroisse gratuitement, ils réservent et constituent à cet effet une rente de 200 livres. Les donateurs spécifient qu'en cas où les révolutions ou la négligence feraient choir leur intention à l'égard des sœurs de Lisieux, il y sera pourvû par les principaux habitants de Berthouville qui feront en sorte d'en trouver une sage et vertueuse et capable de les instruire, préférant toujours celle qui serait fille native de la dite paroisse à toutes autres. Les dits fondateurs ne demandent que des prières : aux enfants, tous les jours, un Pater noster et un Ave Maria ; au curé, de les recommander, aux quatre fêtes principales de l'année, aux prières des paroissiens... (1).

1750. — Procès entre les habitants de Berthouville et la communauté de la Providence de Lisieux (2).

1753 (?). — La Providence d'Evreux (3) prend possession de l'école des filles.

1792, février. — La sœur de la Providence d'Evreux, qui tient les petites écoles refuse de prêter serment et quitte son

(1) Tabell. de Bernay.

(2) Arch. du Calvados.

(3) Cette communauté fut fondée, en 1709, à Caën, par Justine Duvivier, sœur du curé de cette paroisse.

poste (1).

BEAUMESNIL. — 1727, 5 décembre. Noble dame Renée de Mallevouë, donne, à charge de prières, aux sœurs hospitalières de Caër, un herbage en la paroisse de Beaumesnil, à la condition d'y bâtir pour tenir les petites écoles gratuites ; au cas de changement de la communauté de Caër, cette donation sera toujours appliquée à la paroisse de Beaumesnil (2).

1733, 23 juin. — La comtesse de Graville, propriétaire de la seigneurie de Beaumesnil, s'engage à pourvoir à l'entretien de la sœur d'école (3).

1776-1791. — Sœur Jeanne Hébert, de Caër, tient les petites écoles. — Les 5 et 29 septembre 1791, plusieurs habitants de Beaumesnil demandent au directoire du district que la dite sœur soit conservée, tant à cause de son utilité, des services qu'elle a rendus, qu'à cause de sa bonne conduite, sans avoir égard à la demande d'un paroissien qui provoque son expulsion parce qu'elle refuse de prêter le serment civique (4).

---

(1) Lettre du procureur-syndic de Bernay. — Arch. mun. D.

An III, — Les Petites Ecoles de Berthouville possèdent 7 acres, une vergée, 20 perches de terre en labour, estimées 9,261 l. 7 s. 2 d. et vendues, comme bien national, 22.000 fr. — La maison d'école est vendue avec le presbytère.

[2 et 4] Reg. du distr. de Bernay. — Arch de l'Eure.

(3) Quevilly. Notice histor. sur Beaumesnil.

BEAUMONT-LE-ROGER. — 1730. — Un maître d'école, ayant donné de justes sujets de plainte par sa conduite, le curé le fit condamner à cesser ses fonctions par ordonnance du juge de police de Lisieux... « Il est inouï, disait le curé, qu'un aventurier sans famille ni extraction, étranger au païs, s'opiniâtre à vouloir endoctriner et tenir école dans un lieu contre le gré du juge de police, du curé, du clergé et de quantité d'honnêtes gens » (1).

SERQUIGNY. — Seconde école. - 17.. Pierre Rémy de la Roque, éc[r], seigneur du lieu, fonde une école de filles.

1731. — Me Jean Pilette, prêtre de la paroisse de N.-D.-de la Couture, de Bernay, stipulant pour une personne pieuse, fonde à Serquigny, à charge de prières, une maîtresse d'école gratuite, moyennant 2,000 livres.

Jusqu'au 19 mars 1792, l'école est tenue par une sœur de la Providence de Lisieux ; elle touche 350 l. de rente (2).

LA CHAPELLE-GAUTHIER. — 1732. Le curé paie 50 livres à la sœur de la Providence de Lisieux qui tient l'école (3).

LE FAVRIL. — 1734. — Le curé paie 50 livres à la Providence de Lisieux, pour

(1) De Beaurepaire. Rech. sur l'Instr. publ. t. II, p. 423.

(2-3) Arch. du Calvados. Comptes de la Prov.

la sœur qui tient l'école (1).

CARSIX. — 1745. — Il est payé 50 l. à la Providence de Lisieux, pour la sœur d'école.

FOLLEVILLE. — 1750. — Ouverture d'une école tenue par une sœur de la Providence d'Evreux (2).

PLAINVILLE. — 1762. — L'abbé Jacques-Alexandre Bessin, ancien professeur au collège d'Orléans, à Versailles, prend possession de la cure de Plainville et ouvre, en son presbytère, une sorte d'Ecole secondaire.

1776-1777. — Bessin fait publier dans les " Affiches de Normandie ", dans lesquelles il écrit (3), une reclame en faveur de son petit pensionnat.

1791. — Bessin déclare que : « son vi-
« caire, sur sa réquisition, a constam-
« ment tenu les petites écolles gratuite-
« ment aux enfants de la paroisse, aux
« pauvres surtout. — Le sieur curé con-
« sacre annuellement 100 livres pour en-
« courager la vertu dans les jeunes per-
« sonnes de l'autre sexe. »

---

(1) Arch. du Calvados Comptes de la Provid.

(2) Nous devons à l'obligeance de M. l'abbé Langlois, aumônier de la Providence d'Evreux, la plupart des documents relatifs à cette communauté dont il prépare l'intéressante histoire.

(3) Littérateur distingué, Bessin a composé, pour ce journal, diverses poésies anonymes. — Bessin a aussi publié le *Manuel de l'Instituteur*.

St-VICTOR-DE-CHRÉTIENVILLE.

1766. — Afin de tirer les pauvres de sa paroisse de l'indigence et de l'oisiveté, le curé, Olivier-Jacques de Boisgruel, établit à ses frais, dans son presbytère, une manufacture de frocs occupant 21 hommes, 41 enfants, depuis l'âge de huit ans jusqu'à quinze, et 14 filles, pour l'instruction desquels le dit curé entretient un ecclésiastique et une maîtresse d'école (1).

St-OUEN-DE-MANCELLES. — 1769, 3 février. — Une personne pieuse, qui se cache dans les largesses et dont on sait le nom (Suzanne Desjardins), donne 3,000 livres à la Providence d'Evreux, pour la fondation d'une école dans la paroisse.

1771. — Mgr de Marnesia donne 120 l. pour cette école, laquelle commence en la dite année.

1783, 8 novembre. — M. Godey, curé de la paroisse, paie 200 l., pour l'école.

178.-1802. — Marie-Anne Morand, l'aînée, sœur des Ecoles chrétiennes (ou de la Providence), demeurant au Châble, paroisse de St-Ouen, tient l'école (2).

St-VINCENT-DU-BOULAY. — 1769. — Il y a une sœur de la Providence de Li-

---

(1) Arch. de l'Orne. C. 1152. - Document dû à la courtoise obligeance de M. Duval, archiviste

(2) Pendant la Terreur et jusqu'en 1802, la plupart des enfants furent baptisés chez cette religieuse qui était originaire de St-Ouen-de-Mancelles.

sieux ; les 94 livree qui lui sont dues sont payées par un nommé Conard.

BRAY. — 1772. — Prise de possession de la cure par l'abbé Fagnau, ancien régent au collège de Nanterre et à celui de Noyon dont il fut le principal pendant trois ans. — Il est supposable que ce prêtre, qui exerça jusqu'en 1793, instruisit les enfants de Bray.

THEVRAY. — 1777, 20 septembre. — Une rente de 200 livres est constituée par l'abbé Duvaucel, curé du lieu, « pour la « condition d'une maîtresse d'école pour « les filles et pour celle d'un maître d'é« cole ». — Les vicaires de la paroisse sont chargés de la tenue des écoles des garçons.

1788, 17 janvier. — L'abbé Bourlet du Butanger, curé de la paroisse, augmente cette fondation, pour fonder une école entièrement gratuite pour les garçons. Le maître sera payé par an 300 livres, pour apprendre à lire, à chanter, écrire et calculer ; il devra assister à l'office de l'église pour y chanter ou faire d'autres fonctions... (1).

1791, 21 septembre. — Un procès est intenté par la commune au ci-devant curé Bourlet, pour l'obliger à donner un maî-

(1) Tous les détails relatifs aux petites écoles de Thevray se trouvent dans la " Semaine religieuse d'Evreux " ; 1883, n°s 23. 25, 26.

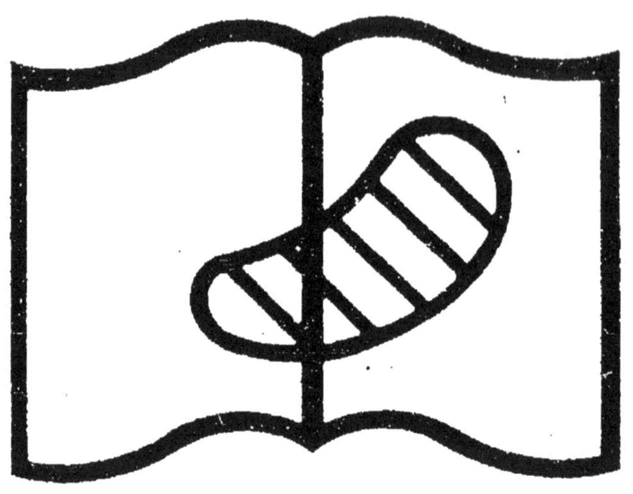

Pagination partiellement illisible

tre d'école, conformément au contrat de 1788 (1).

CARSIX. — 1780-1795. — Charles Loisel tient les écoles « à la satisfaction des habitants » (2).

BARC. — 1780 (?). — Antoine Desfriches ouvre une école qu'il dirige jusque vers 1805 (3).

LE THEIL-NOLENT. — 1781, 14 décembre. — Mre Louis-Georges Aubert curé de la paroisse du Theil-Nolent, demeurant au manoir presbytéral de Giverville, donne 4,000 livres à la communauté de la Providence de Lisieux, pour la fondation d'une sœur d'école.

AUTRES

Paroisses possédant des Ecoles

SANS DATE DE FONDATION

BERVILLE-LA-CAMPAGNE. — Il existait un « vicariat » qui, le 14 vendémiaire an V, fut vendu, comme propriété na-

---

(1) Omologations des délib. munic. — Arch. de l'Eure.

An VI, 26 vend. — La maison dite l'école des garçons, est vendue, comme bien national. 270 francs.

(2) Reg. du Jury d'instr., an III. — Arch. de Bernay.

(3) Cette école devint secondaire et avait, en 1810, sous Prévost, une quarantaine de pensionnaires.

tionale, avec ses dépendances, 6,308 f.

BOISNEY. — 176. — Le curé paie 100 livres à la sœur de la Providence de Lisieux.

LE CHAMBLAC. — 1789, 11 octobre. — La municipalité et les paroissiens, assemblés en état de commun, autorisent le trésorier de la fabrique à faire faire les réparations les plus urgentes au bâtiment destiné à faire les petites écoles, et d'en donner la clef au sieur Jean Bard qui se propose de remplir ce poste (1).

LA CHAPELLE-GAUTHIER. — Seconde école. — 1791, 27 novembre. La municipalité accorde à François Derainne, qui tenait ci-devant les écoles et faisait les fonctions de clerc, une somme de 200 livres pour le même objet, sous la surveillance du curé (2).

CHRÉTIENVILLE. — 1790. — Il y a, au profit de la paroisse, une rente de 181 livres sur les fonds ecclésiastiques, pour les écoles (3). En outre, ces écoles possè-

(1) Jean Bard appartenait, pensons-nous, à la catégorie des instituteurs nomades ; en 1788, il exerçait à Verneusses ; en 1791, à Ferrières-S-Hilaire.

(2) Registre de la municipalité. — 1791.

(3) Tableau des Revenus en faveur des pauvres. — Arch. de l'Eure. — Nous sommes heureux de témoigner ici notre vive gratitude à M. Bourbon, archiviste, et à M. Lecoq, employé-chef, pour leur bienveillant et savant concours.

dent une maison et masure (1).

LA HOUSSAYE. — 1746. — L'école tenue par une sœur de Caër est visitée par la supérieure.

NOTRE-DAME-D'ÉPINE. — 1791, 26 juin. — Jean Leleu, chargé du soin de l'instruction des enfants, prête serment. Il était, croyons-nous, depuis longtemps dans cette paroisse où les de Sens de Morsan ont laissé des preuves remarquables de leurs largesses (2).

LE PLESSIS-MAHIET. — 1791. -- Les sœurs de Caër y possèdent 11 acres de labour. — Il y a un vicariat (3).

ROUGE-PERIERS. — 1746. — La supérieure de Caër visite l'école que tient la sœur Duclos.

LA ROUSSIÈRE. — 1789. — Les garçons sont instruits par le vicaire, M. Delalande.

Au commencement du siècle, des petites écoles, probablement anciennes, pour les filles, étaient tenues par une religieuse, au village de la Huberdière.

---

[2] An IV, 8 messidor. Vente nationale, pour 1,000 fr, d'une maison et mâsure dite la Maison d'école.

(2) L'église de N.-D.-d'Epine possède encore 3 magnifiques autels, datés de 1667, et une cloche de 1775, dus à la puissante Maison des de Sens de Morsan.

(3) Ce vicariat fut vendu le 18 floréal an VII.

St-CLAIR-D'ARCEY. -- 1791, 8 novembre. — Louis Leclerc, habitant de la dite paroisse, « qui a depuis longtemps donné ses soins à la jeunesse », est nommé instituteur par la municipalité.

St-PAUL-DE-FOURQUES. — En 1692, l'école des garçons est tenue par le curé de la paroisse (1).

St-PIERRE-DE-CERNIÈRES. — 1792, 13 janvier. — La municipalité désire que les deux maîtresses d'école soient conservées (2).

St-PIERRE-DU-MESNIL. — 1792, 17 février. — La maison d'école est déserte par suite du départ de la sœur.

THEVRAY. — 1773. --- Il existe une école tenue par une sœur de la Providence d'Evreux ; visite de cette école.

Localités possédant des Maisons RELIGIEUSES où se tenaient vraisemblablement DES ÉCOLES PUBLIQUES

BEAUMONT-LE-ROGER. — Prieuré ou Collégiale de la Sainte-Trinité (fin du XIe siècle).

---

(1) Dict. h. de l'Eure, Charpillon et Caresme.
(2) Arch. de Bernay. — Correspondance au procureur-syndic.

Le BEC-HELLOUIN. — Abbaye célèbre par son école (XIe siècle).

1790. Dom Charles-Antoine Blanchard, religieux, âgé de 54 ans, « profeseur de la jeunesse depuis vingt-six ans », déclare vouloir rester dans l'abbaye.

LE BOSC-MOREL. — Prieuré-cure de Notre-Dame (XIIe siècle).

BRIONNE. — Prieuré de St-Wandrille (XIe siècle). — Prieuré de Notre-Dame ou des Bénédictines (1642).

CAPELLES-LES-GRANDS. — Prieuré Saint-Nicolas de Maupas (1217).

FONTAINE-LA-SORET. — Prieuré de Saint-Lambert de Malassis ou de Saint-Eloi de Nassandres (XIe siècle).

HARCOURT. — Prieuré ou Abbaye du Parc (1255).

LE CHATEL-LA-LUNE. — Prieuré de Grandmont (1178).

Ste-OPPORTUNE-DU-BOSC. — Prieuré de Notre-Dame (XIe ? siècle).

THIBOUVILLE. — Maison de Charité établie par saint Vincent de Paul (1651).

Est-il besoin d'ajouter que, dans les paroisses dépourvues d'écoles établies, le curé ou le vicaire était presque toujours l'instituteur public de la jeunesse.

FIN

DU MÊME AUTEUR :

1871-1885. — Glanes historiques sur la Normandie.

Ephémérides et Notices publiées dans les journaux locaux : *Fables en patois du Pays d'Ouche ; — Etymologie de Bernay ; — Description de quelques Vitraux de l'église N.-D. de la Couture ; Les Armoiries de Montreuil-l'Argillé ; — Les squelettes de la Folletière ; — La Source minérale de Bernay ; — La Saint-Crépin ; La Sainte-Anne ; — Les Sapeurs-Pompiers de Bernay ; — Les Curés de Sainte-Croix ; — La Musique à Bernay depuis 400 ans ; La Saint-Nicolas ; — L'Artillerie de Bernay ; — Une Histoire de Bernay écrite en 1765 ; — Notes historiques sur Chambrais, etc. — Vieilles Chansons villageoises ; — Compte-rendus, etc., etc.*

1873. — Histoire de la Ville de Bernay et du Canton.
1874. — Le Fort Français de Chambly (Canada.)
1874. — Notice sur le Fort Saint-Louis de Chambly.
1875 — Estampages de quatre Pierres tombales, gravées au trait, des XIVe, XVe et XVIe siècles.
1875. — Calque de deux Vitraux du XVe siècle.
1876. — Saint Vincent de Paul à Bernay, en 1650.
1877. — Histoire d'un petit coin du Pays d'Ouche. Le Pont-Echenfrei, etc.
1877. — Les Confréries des Captifs à Bernay et aux environs.
1877. — Les Vitraux de Saint-Martin de Laigle.
1878. — Le Musée municipal de Bernay, son origine.
1878. — Quelques mots sur les Vitraux anciens de l'église paroissiale d'Orbec.
1879. — Fin de l'Abbaye royale du Bec-Hellouin.
1881. — Documents inédits sur les Armoiries de la ville de Bernay.
1881. — Les huit Canons du château de Broglie.
1883. — Description sommaire de l'église de Rotes.
1883. — L'Imprimerie à Bernay, depuis son établissement jusqu'en 1883.
1884. — Le Cléricalisme n'est pas l'ennemi de la Liberté, du Progrès et de la Civilisation.

1884. — Petit Bouquet de Fleurs historiques sur la Maison de Broglie.

1884. — La Ruine de l'Abbaye de Saint-Evroult. (A. N.)

1885. — Le Théâtre à Bernay, au XVIIIe siècle.

1885. — La France en 1789. — Cahiers du Tiers-Etat de la ville de Bernay.

1885. — Les Petites Ecoles et la Révolution (1789-99) dans les districts de Bernay et Louviers.

1885. — Saint Taurin et la Coudre de Saint-Aubin-de-Gisai.

1885. — L'Eglise Sainte-Croix de Bernay. (Histoire de)

1886. — L'ancien Collège de la Ville de Bernay.

www.ingramcontent.com/pod-product-compliance
Ingram Content Group UK Ltd.
Pitfield, Milton Keynes, MK11 3LW, UK
UKHW020947220726
13924UKWH00002B/547